QUIMERAS

Milena Ferrer Saavedra

QUIMERAS

© Milena Ferrer Saavedra, 2010
© **Ediciones Baquiana.** Colección *Caminos de la poesía*, 2010
Todos los derechos reservados. All rights reserved.

Prohibida la reproducción total o parcial de esta obra, por cualquier medio o procedimiento informático, comprendidos la reprografía, la fotocopia y la grabación, sin la previa autorización del autor y de la editorial, de acuerdo con las sanciones establecidas por las leyes.

Poemario ganador del Primer Premio en el concurso "Nuevos valores de la poesía hispana 2009" convocado por el Centro Cultural Español de Miami y Ediciones Baquiana.

Primera edición: enero de 2010

Publicado por:
Ediciones Baquiana
P. O. Box 521108
Miami, Florida. 33152-1108
Estados Unidos de América

Correo electrónico: **info@baquiana.com**
Dirección virtual: **http://www.baquiana.com/ediciones**

ISBN-13 dígitos: 978-0-9823917-5-4
ISBN-10 dígitos: 0-9823917-5-7

© **Carlos Quevedo, 2010. Fotografías de portada y páginas interiores de la serie** *"Estanques floridanos"*.
Fairchild Gardens: Miami, Florida, EE.UU.

© **Carlos Quevedo, 2010. Diseño de portada.**
Todos los derechos reservados. All rights reserved.

Impreso en los Estados Unidos de América
Printed in the United States of America

Milena Ferrer Saavedra (La Habana, 1981). Cursó estudios de Español y Literatura en el Instituto Superior Pedagógico "Enrique José Varona" y en la Universidad de la Habana en la Facultad de Filosofía e Historia. Ganó el primer premio en el concurso de Poesía convocado por el ISP "Enrique José Varona en la Jornada del Idioma en el año 2000. Obtuvo una primera mención en el concurso de Poesía "Pinos Nuevos" convocado por el Instituto Cubano del Libro en el año 2003 con el volumen de versos *Estanque de Nenúfares*. Su primer libro publicado es el ganador en el certamen "Nuevos Valores de la Poesía Hispana 2009": *Quimeras*. Reside en Miami desde el año 2006 y actualmente cursa estudios en el Miami Dade College.

A Zule, mi ángel.

A mi padre, por la poesía.

ÍNDICE

I
QUIMERAS

Quimeras / **13**
Teseo / **14**
Desconfianza / **15**
Génesis / **16**
Angustia / **17**
Inseguridades / **18**
Decisión / **19**
Eres / **20**
Versos a la mar sentada en el puerto / **21**
Song / **22**
Mandamientos / **23**
El puente / **24**
Tu amor / **25**
Declaración / **26**
Desorden / **27**
Yo pude… / **28**
Separación / **29**
Lo terrible / **30**
Cansancio / **31**
El ídolo / **32**
Los demás / **33**
Dualidad / **34**
Para el olvido / **35**

II
ESTANQUE DE NENÚFARES

Estanque de nenúfares / **39**
Voy a despertarme / **41**
Promesa / **43**
Teatro / **44**
Los árboles del patio / **45**
Premonición / **47**
Hallazgo / **49**
Tú y yo / **50**
Preferencias / **51**
Después... / **52**
Encuéntrame / **53**
Beso impreciso / **55**
Amanecer / **57**
Fusión / **59**
Estos libros / **60**
Remake / **61**
Coincidencias / **63**
Premura / **64**
A.Z.E / **65**
Temores / **66**
Pensar / **67**
Hoy no es hora / **69**
Restos / **70**
La mujer del astronauta / **71**
Pequeña sensación / **72**
Deseo / **73**
Poesía / **75**

I
QUIMERAS

QUIMERAS

Mientras pienso en ti
hay alguien que me piensa
en la oscura noche
entre las sábanas
y el juego sigue
y alguien sueña con aquel que me piensa
pensando quizás en lo extraño
de querer siempre lo que no se alcanza
—interminablemente todo se hace un ciclo—
en donde seguro tú estarás soñando
en la oscura noche
entre las sábanas
con alguna muchacha que tal vez me piensa.

TESEO

Sé más de tu rostro que de mis manos,

sin embargo

estoy sola

camino en tu laberinto

pero sé que el Minotauro me acecha

con miradas oscuras y cuernos de plástico.

Otra vez caigo en el abismo…

Ahora

espero a que salgas del baño y me beses

sólo después termina el orgasmo

 y el hilo se parte.

Ya sé que luego te irás y tendré otros amantes

como Ariadna desde su primer Teseo.

DESCONFIANZA

Siempre será igual,
tú te quedarás inerte
pensando en otros tiempos,
otros amores,
otras mujeres.
Yo estaré apacible, serena
y hablaremos de música,
de artes,
lo ajeno de algunos besos.
De cierto nunca sabremos nada
tú te fabricarás el paraíso sin mí
yo te esconderé un nombre,
una cita,
unos besos.

GÉNESIS

Sí, fui yo la que escribió la historia
la que ordenó los peces, las nubes
quien puso ángeles y estrellas
para conquistarte.
Fui yo la que inventó los cantos,
la que sedujo al tiempo,
la que se vió en tus ojos y tú sin saberlo.
Fui yo,
pero tú alentaste las naves,
diste las manos, emprendiste los viajes.
Por eso los dos y no sólo yo
estamos condenados y juntos,
al más sublime de los castigos.

ANGUSTIA

No es bueno tener el corazón disperso

ni la cabeza, ni el alma

y hablar de fuentes, de árboles

intentar remediar lo que nos duele.

Cabeza, alma, cuerpo

de qué sirven

cuando la angustia de lo imprevisto nos invade.

INSEGURIDADES

¿En qué monte o abismo se encuentra
el saber puro, la copa de lo insaciable,
la fe por lo eterno?
¿En qué camino,
en qué puente intransitable se esconde la palabra precisa,
la que no duele ni daña?
¿Hay algo que me salve de la inseguridad abrumadora,
de la soledad sin tregua ni escalera?

DECISIÓN

Hoy sólo quiero estar lejos,

dormida, ausente,

ser otra o no ser,

volar a otras tierras,

sumergirme en extraños puertos.

Todo quiero menos mirarte a los ojos

y decidir sobre el destino.

Milena Ferrer Saavedra

ERES

Eres la nube que nunca pasa,

la luz que no se enciende,

la pútrida idea de todo lo que se odia.

Eres el tiempo perdido,

la escarcha del vez en cuando

una promesa, un sueño,

la vida que se muere sin el último beso,

la muerte sin vida de la noche

o el declinar del verso.

VERSOS A LA MAR SENTADA EN EL PUERTO

En el borde azulado de tu sonrisa se esconde una estela.

Hace tiempo que me observa

juega conmigo

me invita.

Y yo despacio, sutil

le advierto que no es hora,

y las naves se postran

y me indican que siempre detrás de la risa anda el llanto.

SONG

Ayer te oí cantar
otra vez en la radio
y el corazón latía fuerte
como lluvia de verano
cerca, quizás bien cerca
lejos, estando lejos
y ya hoy no soy más yo
ni la que fui me espera.

Ayer te vi en el teatro
junto al estrado
—sin interferencia, con buen audio—
y éramos tú y yo
como una misma canción
en medio del pasado.

MANDAMIENTOS

Ya no veré tu rostro a cada paso
ni cruzaré palabras en tu nombre
ni pulsaré guitarras para encontrarte.

Ya no estaré esperándote en el cine
ni hablaré de prisa en el teléfono
ni escucharé el sonido de los pájaros en los portales.

Ya no,
tu voz se irá perdiendo entre las nubes
y todo me parecerá distinto.
No habrá más ahora ni después ni siempre contigo
y el camino se hará más largo
y la espera interminable.
No guardaré las hojas del parque
no pondré velas en los santuarios
no beberé en jarras de barro.

Ya no escribiré poemas en las paredes
ni lloraré en los días de aniversario
ni esperaré a que el sol brille como antes.
Ya no.

EL PUENTE

Sólo me queda la palabra desnuda

la certeza de mis manos

y ese puente eterno

que me construyo con tu mirada

esa estancia que me invita y no a quedarme,

sólo la ausencia de tu sonrisa,

el miedo a cruzar el puente

y la repetida idea de tirarme antes de tiempo.

TU AMOR

Tu amor es como ese discontinuo pasar de la ola,
como ese intervalo terrible del mundo
que nos detiene en cada esquina, en cada cruce.
Tu amor es como el pasado
que siembra pausas, que pone peros
y yo no atino a saber, a querer.
Cuando caiga la noche caminaré despacio
y te haré más pobre por esa manía de amar sin sol
de apagar el aire
de ser un cuerpo sin alma.

DECLARACIÓN

Haz como si yo no existiera

no me des la risa

ni las manos

ni la palabra que suena a deseo suave del alma.

No me des ya nada que no pueda arrancarte

ni el beso, ni los labios

ya no te espero

no levantes el polvo de las estrellas

prefiero el ocaso de los astros

                                              a tus ojos.

DESORDEN

Desorden

hoy vienes a habitarme y yo no sé si deba dejar que seas,

sobre mi penden los hilos de muchas ciudades que apenas

[conozco,

los sueños que dejé acumulados en una gaveta del closet,

aquella brisa de la aurora que no me detuve a escuchar.

No sé si mañana podré llevarte a cuestas como ahora

no sé si aún seas aire que me salva,

igual te tengo en este instante

donde cada espacio es todo el universo.

YO PUDE

Yo pude amarte más que a mi sangre
pude cambiar mi nombre
mis delirios
pude ser nana de tus sueños
arroparte en el oleaje
cabalgar tus tempestades.
Después de un siglo todo se opaca
todo se va
y hoy ya no muero ni deliro.
El verso que anida detrás de tu nombre ya no me quita el sueño
ya ves, el tiempo no perdona,
hasta las piedras se corroen a su paso.

SEPARACIÓN

> *Ausencia, remoto fantasma que violas las puertas...*
> *que siempre nos recuerdas la distancia...*
> Liuba Ma. Hevia

Cuando te vayas no dejes la llama encendida

ni la hoguera ardiendo

no dejes nunca nada luminoso ni eterno

no vaya a ser que entre alboroto y desorden

te confunda esa luz

con todo lo perdido,

se confunda el destello

con el opaco roce de la ausencia.

LO TERRIBLE

Lo terrible es mirarte y saber que vas a volver igual
que nadie cambia lo que ya es.
Lo terrible es esperar la misma noche
compartir la misma sábana
saber que estás y que te pierdo
que son fugaces las estrellas.
Lo terrible es que seguirás siendo,
que pesa lo incontenible.
Lo terrible es soñarte en cada espacio
construir puentes para lo eterno
esperar a que hagas lo que no llega.
Lo terrible sigue siendo
necesitarte.

CANSANCIO

Siempre termino rindiéndome.

No soy yo la fuerza de la lluvia

ni el tesón de la higuera.

No soy ya nada que me sostenga

ni puente, ni árbol

ni la palabra que anima.

Perdí, otra vez perdí

y sé que como las aguas que corren

la corriente me llevará inevitablemente

a algún lugar bien lejos de éste.

Milena Ferrer Saavedra

EL ÍDOLO

Ese señor se mete entre sus nubes
esconde de su inocencia los demonios
transmite luces que sólo ella percibe
en los conciertos, en el escenario
y le hace soñar por las noches
con lo que a tanta distancia
se vuelve divino.
Ella mira su foto
imagina el despertar en su cielo
la encantada tibieza de su cuerpo
y día a día
lo vuelve menos humano.

LOS DEMÁS

Los demás son:

    aburridos, desubicados

    divertidos, capaces, irreflexivos

    obstinados, chismosos

    enmarcados, conscientes

    alborotados, graciosos

    asustados, independientes, cohibidos

    desorientados, depresivos e inmutables.

Pero lo peor que tienen es
que me hacen pensar demasiado en ellos.

DUALIDAD

Me atan aquellas naves,
las que tuve, las pasadas
pero despierto en estos mares
que me lanzan y gobiernan con la fuerza de la desventura
que destrozan y convierten en carnada al propio viento.
Yo quería una marea suave que me guiara siempre
hacia aquel puerto
y no fue,
de tanto quererlo, no fue.
Hoy ya lo supe,
era que los ríos no pueden nunca ser el mar
aunque se disfracen.

PARA EL OLVIDO

Y en ese trance divino que es olvidar
me paso las horas y los días.
Entre las sombras comienzo los ritos de mi pequeña muerte,
esta vez haciendo cortas las calles
tiñendo los colores con el bronce de las estatuas
desnudando las raíces de mis años para ahogarlas con la noche.
En la oscuridad del lecho
frente al espejo
miro de perfil mi figura vagamente,
le critico las imperfecciones,
los malos comienzos y finales,
las audaces ternuras sin sentido.
Nos miramos, y en ese diálogo de tiempo me descubro olvidada,
irreconocible en la nebulosa de quien desea perder hasta su
[propia imagen
y soy feliz convenciéndome de que he olvidado.

II
ESTANQUE DE NENÚFARES

ESTANQUE DE NENÚFARES

En el estanque de serenas aguas se ven oxigenar a los *gold-fish* y a
[las carpas
cerca del viejo puente de madera

y nadan juntos los patos con los cisnes

y los flamencos posan inmóviles para una foto de familia.

El reflejo de la sombra de los nenúfares

se proyecta indefinido sobre los espejos de agua

y yo pienso en ese pasar del hombre que se pierde en la prisa

yo pienso en el mundo que no deja alas para los nenúfares.

Milena Ferrer Saavedra

VOY A DESPERTARME

Voy a despertarme con la ventana abierta
y el tiempo amarrado
con la soga al cuello,
te diré que ha sido marzo estando noviembre
te diré que es fácil amarte cuando no estás.

Voy a tocar el cielo con los párpados
caminaré de espaldas, bocarriba
me vestiré de musgo dibujando el pasado
soñando, soñándote.

Voy a despertarme con la ventana abierta
y me iré por ella.

Milena Ferrer Saavedra

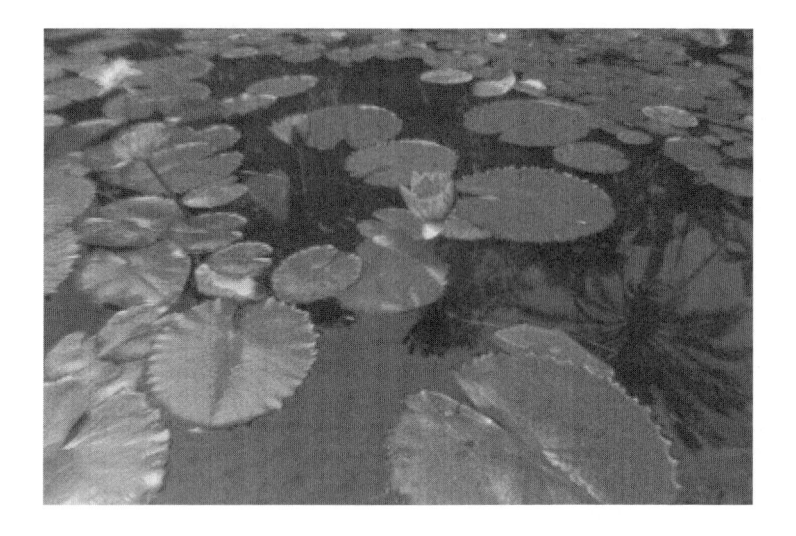

PROMESA

Te garantizo la subida,
un mundo habitado por duendes
un espacio vital para amarnos
el beso antes de dormir
el eterno "te quiero".

Te garantizo incluso ser feliz después de cada entrega
que cada segundo importe
que mi mirada siempre te abrace.

Te garantizo en fin
que valdrá la pena.

TEATRO

Actuar es olvidar esa sensación de estar despiertos,
fingir el acto nunca es tan bueno como vivirlo,
inflar un globo sin realidad de fondo
será correr el riesgo de que nos estalle en la cara.
Mejor gritarnos las verdades,
contentar nuestras ansias.

LOS ÁRBOLES DEL PATIO

Los árboles del patio me crecen en la piel

la enredadera se retuerce entre mis senos y mis muslos

la orquídea entre mis piernas

el día por llegar en mi mirada…

desde mi boca, el sol.

Milena Ferrer Saavedra

PREMONICIÓN

Pronto vendrá la ola a buscarme,

el horizonte con sus sienes.

Yo daré la vuelta

y me reiré del mundo que nada puede con mis alas

que nada puede con mis sueños,

y la mañana se hará emblema, luz

tristeza o lo que quiera,

porque nadie puede con mi cuerpo

con el incesante correr de mi sangre y mis muslos

con el palpitar perenne del zumbido de mi alma.

Milena Ferrer Saavedra

HALLAZGO

Te descubrí

en el último lugar del mundo

donde busqué.

Y sin embargo, estabas tan

a la vista.

TÚ Y YO

Tú y yo fuimos esa masa compacta de tierra y mar
fuimos el comienzo y el fin
el pasado y el futuro.
Tú y yo aprisionamos el destino en una urna de cristal
construimos puentes y abismos
fuimos el infinito
amanecimos en extrañas tierras
le aullamos a la luna como animales en celo
dejamos que el sol nos marcara la cara
y mantuvimos siempre despierta la esperanza.

PREFERENCIAS

Me gusta ver las olas a través de un vaso de cristal
humedecer los pies en el rocío de la mañana
esperar el tren a cada cuarto de hora
caminar de espaldas
esconder mensajes en botellas vacías
sacar música de mis manos
apretar el obturador de cualquier cámara fotográfica
amanecer entre sábanas blancas
creer que el horizonte va a alcanzarme.

Me gusta el olor de tu piel
el leve gesto que adivino en tus ojos cuando me miras
saber que eres lo inalcanzable
lo que se escapa y me vuela dentro
dejándome este espacio de incertidumbre y deseo
que se convierte en tiempo
en noche que alivia mis temores.

DESPUÉS...

Después de este instante queda lo que no dijimos
lo que se quedó impreso en una dimensión que no alcanzamos.
Fue cuando el sol se hizo luna
y jugábamos a buscarnos.
Cada noche un rito, cada día el silencio.
Yo apreté los muslos entre las sábanas tras cada encuentro
tú pusiste llaves y relojes detrás de las puertas
para nunca perdernos.

ENCUÉNTRAME

Encuéntrame donde acabe el invierno

en la nube que pasa

donde estrelle la ola.

De mí no puedo decirte más

el mundo me sobrepasa.

Sé que la vida me ha hecho para soñarte.

Camino en tu nombre:

vibro, alucino, deliro,

convierto mi mundo en la luna que te alumbra

y sólo en ella respiro.

Milena Ferrer Saavedra

BESO IMPRECISO

Rara vez comprendemos lo humano,
se nos escapa como el viento
como la eternidad de la que no sabemos nada
y hablamos sin parar.

Rara vez,
pero escondemos las manos y dibujamos el mundo de pareceres
porque estamos llenos de dudas
porque no encontramos quien nos salve
cuando el fantasma de ese beso impreciso nos enfría el alma.

Milena Ferrer Saavedra

AMANECER

Despierto a la hora definida

en el día preciso

un minuto antes que tú.

Soy la recién nacida que te nombra para hallarse

espuma en tu vino

marasmo en tu sombra

y caigo desnuda sin pies sobre el verso que te amanece.

Perdida en tu alma encontré mi luz,

en tus brazos mi cielo

en tu beso el Olimpo

y como las aves he aprendido a volar,

a romper los párpados contra el viento,

a anidar los sueños en la dulce manera que tienes de nombrarme.

Yo soy quien te observa detrás de los árboles

quien sólo en tus ojos pudo ver el iris prohibido,

la aurora celeste en el parnaso de los dioses.

Milena Ferrer Saavedra

FUSIÓN

Ella hizo que en ese breve instante el mundo se detuviera:
muslos, sexo, alma, besos.
Nadie supo cómo ni cuándo
—tampoco la sutil marca en sus cuerpos
abrazados por el deseo—
pero sucedió así.
Fueron sustancia sólida del amor donde el tiempo no permitía
fueron espacio en la nada
marcaron el infinito
y desaparecieron en la posible quimera del imposible.
No hubo después, solo el halo divino que alcanzan los cuerpos
cuando son tocados por el increíble y suicida universo de los

[sueños.

Milena Ferrer Saavedra

ESTOS LIBROS

Estos libros ya me parecían infinitos.
A fuerza de rodar he caído en ellos
y el camino se hace más largo en cada roce.

Estos libros me han hecho su esclava
su nana, su compañera inseparable
¿qué me haré sin ellos en esta vida ya tan suya,
 ya tan nuestra?.

Estos libros pueden ser mi salvación
o mi tortura.

Estos libros:
            los de poesía.

REMAKE
A mi abuelo

Si hubiera sido sólo una película
donde el protagonista despierta después de filmada la escena
o un corto en que la heroína se escapa
con el que menos se espera.

Si aquella noche no me hubieras pedido el último beso
sabiendo que después nos volvemos invisibles, pasado.
Si no fuera verdad.
Si nunca me hubiera despertado para verte morir.
Si pudiera al menos gritar con todas mis fuerzas:
¡Corten!

Milena Ferrer Saavedra

COINCIDENCIAS

No sabré nunca tu nombre
ni tu espacio ni tu tiempo
no tendrás mis muslos ni el abismo.
Todo cuanto fue ya ha quedado atrás
porque los grandes momentos son hijos de la fugacidad,
del rápido correr del reloj.
Tus ojos estuvieron en los míos en ese cruzar la esquina,
mi cuerpo al pasar detuvo tu Olimpo, tus musas
y sólo hubo silencio.
Esa marca de silencio me ha dejado en la ruina
me ha dejado en el instante
esa eternidad del segundo que perderé
en ese laberinto del destino que son las coincidencias.

PREMURA

Calma,

el mundo nos da la última nota.

La luna condena al alba por su prisa.

Auguro tormentas, tifones para el desenfreno

contengo las ganas, las ansias

y sé que después de esta noche

tú estarás un poco más en mí

y yo me quedaré para siempre

en esa estancia de sueños que es esperarnos.

A.Z.E

Ella piensa en mí

me escribe versos

construye puentes

tiene miedo de amarme

de no poder besar otra brisa

de no respirar en otro aire.

Y yo la miro

le hablo, me aterra quedarme para siempre

en ese abismo de sus ojos

de sus labios

y no tener nunca más que necesitar el horizonte.

TEMORES

Cuando se me acaben estos deseos de decir qué voy a hacer
cuando el perro del vecino ya no me ladre
y el vendedor de espasmos me ignore
¿qué haré si aparece alguien que me quite las ganas de ti
y me manche el vestido que guardé desde que jugábamos?
Es probable que me ensucie los pies
que llegue el invierno y no lo sienta.
Creo que voy a dormirme
no quiero estar despierta cuando llegue ese tiempo.

PENSAR

Las hojas caen porque pueden
el tiempo vuela porque es tiempo
los ríos descienden por donde se les antoja
las luces de los parques alumbran los árboles
el beso que no me has dado se estanca,
no vuela.
La última gota de lluvia que me cayó en marzo sigue intacta
y descubro cada día que la vida ocurre de manera caótica.
Por tanto, el hecho de pensarla pierde sentido.
Después de tratar de alcanzar un cielo que me sobrepasa
[por mucho
me doy cuenta que lo elemental es ahorrarme la subida
e intentar lo verdadero.
Lo absurdo es quedarse en intermedios
prenderle velas al milagro de lo que no tenemos.
Mejor es no tratar de cambiar el mundo
sino afianzar las piernas y ajustar la brújula de nuestra única vida.

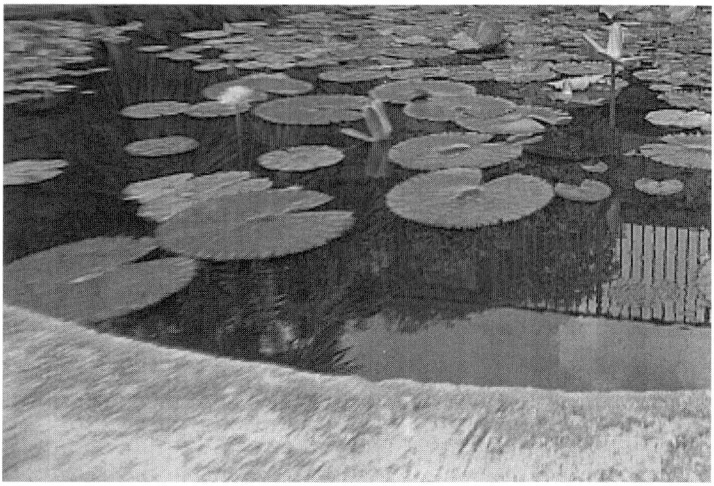

HOY NO ES HORA

Hoy no es hora
batallaremos cuando caiga la noche
el ángel de lo oscuro me entregó su alma.
Alguien se confiesa perdido de amor
Y yo me resisto a escucharlo.
Inerte estoy,
ausente de sentimientos
y aunque sé que no es hora
quiero hablarte y sentir que estamos vivos,
al menos,
para empezar de nuevo.

RESTOS

Dijo que nada podría retenerlo

que tenía la fuerza del viento

la prisa del tiempo.

Ella no supo qué hacer

se quedó desnuda a mitad de la noche

y amaneció.

Una y otra vez amaneció en sus ojos

y ya para siempre creyó morir.

Pero era sólo un espejismo, una vaga idea.

La más profunda herida la cura el alba.

Una y otra vez tendremos vida

si amaneciendo conservamos la esperanza.

LA MUJER DEL ASTRONAUTA

Aquella mujer supo tanto de la noche

y nadie lo sospechó,

fatuos fueron los versos que el poeta le dedicó

escasos, inadvertidos,

indiferentes fueron los cortejos de la prensa

las noticias de la radio

pero su entrega fue siempre pura y desinteresada

su ventana estuvo abierta siempre al más allá

a la espera.

No preguntó nunca cuándo, cómo ni dónde,

sino que ella misma se hizo noche

borde infinito del amor

para descanso de ese incesante aventurero que fue su marido.

Milena Ferrer Saavedra

PEQUEÑA SENSACIÓN

Pequeña sensación que me amparas

dice el tiempo que desaparecerás con la primera brisa.

Yo lleno de aire mis pulmones

y guardo las tarjetas de Navidad

para que cuando te vayas algo me quede.

DESEO

Carne de revelaciones

detengo un solo minuto de mi vida para contemplarte

y ya me inundas.

El verbo que podría saciarte jamás ha sido pronunciado.

La luz que ha subido desde tus muslos

ya me espera.

Yo no atino, tiemblo y deseo.

Milena Ferrer Saavedra

POESÍA

Se van hilando las palabras nunca dichas.

Intentan construir un mundo nuevo

están,

abandonan oscuramente el lecho que las sostiene

deambulan feroces aunque ocultas

a la orilla de esa sed que tenemos

de inventar el verso.

"NUEVOS VALORES DE LA POESÍA HISPANA"
2009

El jurado estuvo compuesto por:

Dr. René C. Izquierdo
Profesor del Miami Dade College / Recinto de Kendall y Miembro del Consejo de Redacción de la Revista Literaria Baquiana.

Dr. Eduardo Negueruela Azarola
Profesor de la Universidad de Miami y ganador del Primer Premio del concurso "Nuevos Valores de la Poesía Hispana" en el 2008.

Francisco Javier Usero Vïlchez
Profesor del Programa de Estudios Internacionales del Ministerio de Educación de España.

Dra. Beatriz Varela
Miembro de Número y Lexicógrafa de la (ANLE) Academia Norteamericana de la Lengua Española.

Maricel Mayor Marsán
Directora de Redacción de la Revista Literaria Baquiana y Presidenta del Jurado.

Otorgado el viernes, 23 de octubre de 2009 en el CCE

CENTRO CULTURAL ESPAÑOL

CONSEJO ASESOR:

Cónsul General de España: D. Santiago Cabanas
Raúl Valdés-Fauli ▪ Julián Linares ▪ Rafael Olloqui
Ricardo Mayo ▪ Amadeo López Castro
Joseph M. Guerra ▪ Aída Levitan ▪ Miguel Cabetas
Juan José Núñez ▪ Juan Pablo Álvarez
Guillermo Martínez ▪ Nelson Alvarado
Belén Cristino ▪ Begoña González
Alfonso De Goyeneche

EQUIPO DE GESTIÓN:

María del Valle, *Directora*
Mayte de la Torre, *Coordinadora de proyectos*
Mildret Cabezas, *Administración*
Yordan Sedeño, *Producción*
Galo Quintanilla, *Gestión cultural*

PRENSA Y COMUNICACIÓN:

Publi-City, Cova Nájera

COORDINACIÓN EDITORIAL:

Patricio E. Palacios

EDICIONES BAQUIANA

TÍTULOS PUBLICADOS:

Revista Literaria Baquiana – ANUARIO I	I.S.B.N. 0-9701913-0-8 (1999-2000)
Revista Literaria Baquiana – ANUARIO II	I.S.B.N. 0-9701913-2-4 (2000-2001)
Revista Literaria Baquiana – ANUARIO III	I.S.B.N. 0-9701913-4-0 (2001-2002)
Revista Literaria Baquiana – ANUARIO IV	I.S.B.N. 0-9701913-9-1 (2002-2003)
Revista Literaria Baquiana – ANUARIO V	I.S.B.N. 0-9752716-2-8 (2003-2004)
Revista Literaria Baquiana – ANUARIO VI	I.S.B.N. 0-9752716-6-0 (2004-2005)
Revista Literaria Baquiana – ANUARIO VII	I.S.B.N. 0-9788448-0-7 (2005-2006)
Revista Literaria Baquiana – ANUARIO VIII	I.S.B.N. 978-0-9788448-4-4 (2006-2007)
Revista Literaria Baquiana – ANUARIO IX	I.S.B.N. 978-0-9788448-9-9 (2007-2008)
Revista Literaria Baquiana – ANUARIO X	I.S.B.N. 978-0-98239173-0 (2008-2009)

También están disponibles otros libros en las siguientes colecciones:
Caminos de la Poesía, Senderos de la Narrativa y Rumbos Terencianos (Teatro).

ALGUNOS DE LOS TÍTULOS DISPONIBLES EN POESÍA:

FUGACIDAD DEL ASOMBRO / VANISHING AMAZEMENT
de Amelia del Castillo
Colección *Caminos de la Poesía* (Edición bilingüe)
I.S.B.N. 0-9823917-6-5 / I.S.B.N. 978-0-9823917-6-1 (2010)

TROPOLOGÍA de Eduardo Negueruela Azarola
Premio de Poesía "Nuevos Valores de la Poesía Hispana" 2008
Colección *Caminos de la Poesía*
I.S.B.N. 0-9823917-0-6 / I.S.B.N. 978-0-9823917-0-9 (2009)

A CORTO PLAZO (ANTOLOGÍA POÉTICA / 2000 – 2007)
de Jorge Gustavo Portella / Prólogos de: Rafael Arraíz Lucca,
Francisco Javier Pérez & María Antonieta Flores.
Colección *Caminos de la Poesía*
ISBN: 0-9788448-5-8 / I.S.B.N. 978-0-9788448-5-1 (2007)

POEMAS DESDE CHURCH STREET de Maricel Mayor Marsán
Colección *Caminos de la Poesía* (Edición bilingüe)
I.S.B.N. 0-9752716-8-7 / I.S.B.N. 978-0-9752716-8-1 (2006)

VIENTOS DEL SENTIMIENTO de Manuel Roberto Leonís Ruiz
Prólogo de Juan José Sánchez Balaguer,
Director de la Fundación Miguel Hernández.
Colección *Caminos de la Poesía*
I.S.B.N. 0-9752716-3-6 / I.S.B.N. 978-0-9752716-3-6 (2005)

P. O. Box 521108 Miami, Florida, 33152. EE.UU.   E-mail: info@baquiana.com

**Esta edición consta de 500 ejemplares.
Impreso en los Estados Unidos de América
Enero de 2010**